LTC 고급과정

LEADERSHIP TRAINING CLASS

차 례

제자화 사역과 운동

강의 1

예수님의 목표와 제자화 사역원리

개관 목적

당신이 주님의 지상명령 성취를 돕기 위해 순모임을 통해
사람들을 제자화 시키는 일에 평생 헌신하도록 하려는 것이다.

학습 목표

1. 예수님의 삶의 목표와 이를 성취하기 위한 전략이 무엇인지 설명할 수 있다.
2. 평생 순장으로 살기 위해 우선순위를 점검하고 조정할 수 있다.
3. 예수님께서 사람들을 제자 삼는 데 사용하신 8가지 원리를 말할 수 있다.

서론

토의 예수님은 이 세상에 오셔서 무슨 일을 하셨는가?

토의 예수님께서 그런 일들을 통해 이루고자 하신 목표는 무엇일까?

1. 예수님의 목표

1 세상을 _____ 하심

예수님이 이 세상에 오신 이유는 인류를 죄와 죽음으로부터 구원하기 위함이다.

2 _____의 전수

예수님은 인류를 구원하기 위해 사람들의 죄를 대신하여 십자가에서 죽으시고 부활하심으로 구원의 길을 완성하셨다. 나아가 십자가의 죽음과 부활로 완성된 구원을 세상의 모든 사람들에게 그리고 오고 오는 모든 세대의 사람들에게 전하는 방법을 마련하셔야 했다.

2. 목표를 이루기 위한 삶

예수님은 십자가에서 죽으시고 부활하시고 승천하신 후에도 주님이 이루신 구원을 계속해서 전하기 위해 어떻게 하셨는가? 그 당시엔 복음의 내용이 담긴 mp3 플레이어나 DVD플레이어와 같은 최신 도구도 없었는데 어떤 방법을 사용하셨는가? 예수님의 삶에서 목표를 이루기 위한 방법과 원리들을 살펴보자.

1 제자화

예수님은 많은 사람들에게 복음을 전하시는 한편, 소수의 사람들을 제자로 선택하시고 그들에게 집중하여 늘 함께 하시면서 그들에게 자신의 삶을 주셨다. 예수님이 승천하신 후에도 자신을 대신할 수 있도록 제자들을 가르치시고 훈련시키셨다. 그리고 그들에게 주님의 지상명령을 부탁하셨다(마 28:18~20). 세상을 구원하기 위한 예수님의 전략은 제자화였다.

2 우선순위

예수님께서는 목표와 전략을 정하시고 그에 맞게 세우신 우선순위에 따라 사셨다.

(1) 예수님은 우선순위에 따라 사셨다.

예수님께서 천국 복음을 전하시자 많은 사람들이 예수님 주위에 모여 들었다. 예수님은 사람들에게 하나님 나라에 대해 가르치시고, 그들의 병을 고치시고, 기적을 베푸셔서 하나님 나라가 이미 임했음을 보여주셨다. 예수님은 사람들의 여러 문제들을 해결해주셨지만, 예수님이 가장 중요하게 여기셨던 것은 지상명령 성취를 위해 세우신 예수님의 제자들이었다. 예수님이 선택한 12명의 제자들을 육성하는 일이 예수님께는 다른 사람들을 만나는 일보다 항상 먼저였다. 하나님 나라의 비밀을 그들에게 먼저 가르치셨고, 예수님께서 이 땅에 오신 진정한 목적이 무엇인지도 그들에게 먼저 가르치셨다. 그리고 온 세상에 복음 전하기 위하여 자기를 부인하고 십자가를 지고 예수님을 따르는 제자로서의 헌신과 희생의 삶을 살라는 도전도 그들에게 먼저 하셨다.

(2)__________에 우선순위를 두고 집중하셨다.

모든 사람들이 구원의 복음을 듣게 하기 위해 예수님은 자신을 따라다니던 수많은 군중들 가운데 12명의 제자들을 직접 선택하시고 그들을 훈련하는 것에 우선순위를 두셨다. 예수님은 제자들에게 집중하시고 그들을 육성하는 데에 자신의 삶을 전적으로 투자하셨다. 예수님은 늘 그들과 함께 동행하셨다. 그들과 함께 자고, 먹고, 대화하고, 여행을 다니셨다. 예수님은 삶과 사역의 모든 현장에 제자들과 동행하셨고 그 속에서 가르치셨다. 귀신을 쫓아내는 현장에서도, 폭풍우 속에 요동하는 침몰 직전의 배 안에서도, 물 위를 걸으실 때에도 그 일들을 통해 제자들을 가르치셨다. 백합화가 만발한 언덕에서, 까마귀가 날아가는 하늘을 보면서, 작은 겨자씨가 뿌려져 커다란 나무로 자라는 밭에서, 영원히 제자리에 있을 것 같은 산을 보면서 예수님은 제자들에게 하나님 나라를 가르치셨다. 이처럼 일상의 삶에서 제자들과 함께 하시면서 그들을 가르치셨다는 것은 예수님이 온전히 제자들에게 집중하셨다는 것을 말해준다.

(3) 제자들에게 우선순위를 두고 집중하신 이유

예수님께서 소수의 사람들에게 집중하신 이유는 높은 수준의 __________을 하기 위해서였다. 예수님께서 선택하셨던 12명의 제자들은 모두 한계와 부족함을 가지고 있었다. 그들은 지위나 신분이 높다거나 뛰어난 고등 교육을 받은 사람들이 아니었다. 성질이 아주 급한 사람이 있는가하면, 현실을 먼저 생각하느라 영원한 것이나 초자연적인 것은 늘 뒷전인 제자도 있었다. 그러나 예수님은 그들이 가지고 있는 약점이나 부족함이 아니라 가능성(potentiality)에 초점을 맞추어 그들을 선택하셨고 훈련시키셨다. 예수님이 이렇게 삶의 현장에서 친히 모범을 보이시며 소수 정예화를 목표로 제자들을 육성하는 일에 우선순위를 두고 집중해서 가르치셨기 때문에, 제자들은 예수님께서 승천하신 후에도 예수님이 하셨던 사역을 계속해서 수행해 나갈 수 있었고, 그 일을 위해 예수님처럼 기꺼이 목숨을 바칠 수 있었다.

(4) 제자들에게 우선순위에 두고 집중하신 결과

예수님이 세상을 떠나신 후에 제자들은 자신들이 보고 배운 것들을 세상에 전하기 시작했다. 길지 않은 3년의 시간을 예수님이 제자들에게 우선순위를 두고 집중하셨기 때문에 제자들은 예수님에 대해서 잘 알 수 있었고 복음에 대해서도 분명히 말할 수 있었다.

3. 나의 우선 순위

1 당신의 삶에서 중요하게 생각하는 것들을 나누어 보라.

____

____

____

2 우선순위 정하기

(1) 우선순위의 정의

우선순위는 내가 해야 할 모든 일들 중 먼저 해야 할 가장 중요한 일을 가리킨다. 즉, 무엇을 먼저 해야 하는가, 내 시간과 자원을 어디에 먼저 사용할 것인가를 정하는 것이다. 이를 바꾸어 생각하면, 무엇을 다음에 할 것인가 그리고 무엇을 하지 않을 것인가의 문제이기도 하다.

(2) 사역보다 _____ 이 먼저!

우선순위를 정하는 것도 쉬운 일이 아니지만 우선순위를 따라 사는 것은 더 어려운 일이다. 급하고도 중요한 우선순위(ⓑ)를 먼저 해야 하지만, 이때 급하고 중요해 보이는 것들에 너무 집중하므로 급하지는 않지만 중요한 것들(ⓐ)을 못하게 되는 일이 없도록 주의해야 한다.

	급하지 않음	급함
중요함	ⓐ	ⓑ
중요하지 않음	ⓓ	ⓒ

현대인들은 대부분 매우 바쁘게 살아가고 있다. 사람들은 급히 처리해야 할 메일, 전화하기, SMS 보내기 등등의 중요하고 급한 일에 우선순위를 두고 살아가는 경향이 있다. 영적인 사역자들도 크게 다르지 않을 것이다. 매일 처리해야 할 급하고 중요한 일들과 사역이 늘어남에 따라 해야 할 부수적인 일들로 인해 정말 중요한 우선순위의 일들을 못하게 되는 경우가 많을 것이다. 우리의 우선순위인 '사람들' (ⓐ)보다 각종 참석해야 할 모임들, 행정적이고 사무적인 일들(ⓑ)을 먼저 생각하게 되면 우리는 사람을 키워내는 순장의 삶이 아니라 사역을 위한 사역을 하게 될 것이다.

(3) 우선순위를 실행할 때의 핵심 - _________

우선순위에 해당하는 일을 실행할 때에 반드시 필요한 것은 집중이다. 일반적으로 사람은 한 가지 일에만 집중할 수 있다.

※ 멀티태스킹(Multitasking)?

어떤 사람이 운전을 하는데, 잠깐잠깐 조간신문을 읽고, 커피를 마시며, 동시에 휴대 전화로 다른 사람과 통화를 하면서 운전을 한다면 그 사람이 안전하게 운전할 수 있을까?

한 학생이 노트북을 사용하여 숙제를 하는데, 귀에 꽂은 이어폰으로는 음악을 듣고, 한 손으로 그 음악에 박자를 맞추고, 다른 한 손으로는 컴퓨터의 Windows 창을 10개나 열고 작업을 한다. 그 중 2개는 메신저 프로그램 창으로 그 창을 통해 친구들

과 메신저를 하면서 다른 창으로는 사진을 내려 받고 있었고, 그 뒤의 창으로는 게임을 하면서 한글 워드가 실행된 창으로 숙제를 하고 있다고 생각해 보라. 그가 숙제를 제대로 하고 있을까?

'현대 경영학의 아버지'로 불리는 고 피터 드러커(Peter Ferdinand Drucker, 1909년~2005년)는 "일반적으로 사람은 한 번에 한 가지 일을 할 수 있다. 그 한 가지 일도 잘하기 위해서는 그 일에 집중해야 하며, 중요하게 보이는 그 밖의 일들은 뒤로 미루어야 한다. 그러나 그렇게 하려면 커다란 용기가 필요하다" 고 말했다.

(4) 우선순위 조정하기

순장으로 부르심을 받은 당신이 평생 "다른 사람들을 제자화 하는 순장의 삶" 을 살려면 우선순위를 어떻게 조정해야 할 것인지 아래 그림에 순서대로 적어 보라.

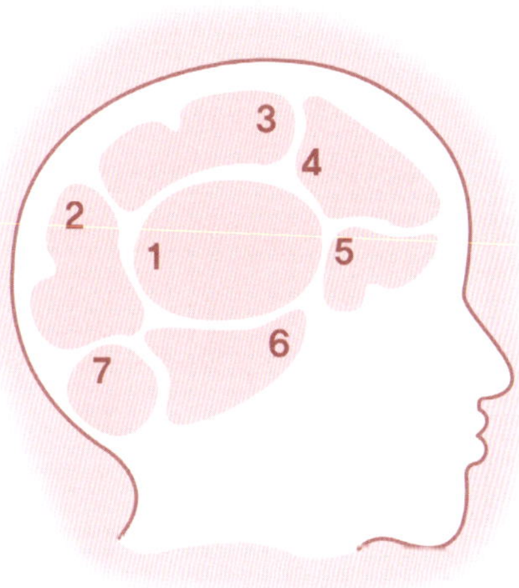

제자화 사역에서 우선순위를 정하고 이에 따라 살아가는 것이 매우 중요하다. 그러나 제자화 사역에서 가장 중요한 것은 <u>성령을 따라 사는 것</u>이다. 예수님도 전적으로 하나님을 의지하며 성령 안에서 사셨다. 성령께서 영적 승법번식 가로 제자 낳는 제자로 살기 원하는 모든 사람들에게 능력을 주시는 분이심을 명심해야한다.

"기도보다 성령보다 앞서지 말라!"

4. 예수님이 보이신 제자화 사역의 원리

토의 예수님이 제자화 사역을 하실 때 어떤 원리들을 사용하셨을까? 함께 토의한 후 아래에 적어 보라.

____

____

____

1 제자들을 ____________ .

"또 산에 오르사 자기가 원하는 자들을 부르시니 나아온지라. 이에 열둘을 세우셨으니 이는 자기와 함께 있게 하시고 또 보내사 전도도 하며" (막 3:13, 14)

승법번식을 통하여 사람들을 구원하기 위하여 예수님은 많은 사람들보다는 소수의 사람들에게 전념하셨다.

질문 당신은 어떤 성품이나 능력을 가진 사람을 제자로 선택하기 원하는가?

____

____

____

2 제자들과 함께 ____________ .

'너희도 처음부터 나와 함께 있었으므로 증언하느니라' (요 15:27)

질문 당신은 순원들과 1주일에 어느 정도의 시간을 보내고 있는가?

____

____

____

질문 그 정도의 시간을 함께 하는 것이 제자화에 충분하다고 생각하는가?

____

____

____

질문 만일 순원들과 보내는 시간이 충분하지 않다면 어떻게 조정할 수 있을까?

____

____

____

3 제자들에게 ______ 을 요구하셨다.

"이에 예수께서 제자들에게 이르시되 누구든지 나를 따라오려거든 자기를 부인하고 자기 십자가를 지고 나를 따를 것이니라" (마 16:24).

질문 제자화를 위해 당신은 어떻게 헌신하고 있는가?

____

____

____

질문 당신은 순원들에게 어떤 헌신을 요구하고 있는가?

____

____

____

질문 당신의 순원들에게 어떤 것을 더 도전할 수 있을까?

____

____

____

4 제자들을 ____________.

(1) 그는 진리에 대해 __________ .

(마 5~7장, 산상보훈)

(2) 그는 원리들을 설명하기 위해 ________ 환경을 사용하셨다.

(막 4:36~41, 갈릴리 바다의 광풍)

질문 당신은 순원들에게 진리를 가르치는데 어떤 어려움이 있는가?

질문 순원들을 더 잘 가르치기 위해 당신이 갖추어야 할 자질이나 기술들은 어떤 것들이 있는가?

5 제자들에게 ______ 을 보이셨다.

"내가 너희에게 행한 것 같이 너희도 행하게 하려 하여 본을 보였노라" (요13:15)

질문 당신은 당신의 순장으로부터 어떤 모범을 배웠는가?

질문 당신은 순원들에게 어떤 모범을 보이고 있는가? 또 어떤 영역에서 모범을 보이기 원하는가? 이를 위한 구체적인 방법을 적어보자.

6 제자들에게 구체적인 ______ 을 맡기셨다.

"열 두 제자를 부르사 둘씩 둘씩 보내시며 더러운 귀신을 제어하는 권능을 주시고" (막 6:7)

질문 주님께서 제자들에게 책임을 맡긴 중요한 이유는 무엇인가?

질문 당신의 순원들에게 맡길 수 있는 책임은 무엇이 있을까?

7 제자들을 ________ .

"사도들이 예수께 모여 자기들이 행한 것과 가르친 것을 낱낱이 고하니" (막 6:30)

질문 당신은 정기적으로 순원들의 삶에서 중요한 부분들을 점검하고 있는가?

질문 어떤 부분들을 어느 정도 기간을 두고 점검하는 것이 효과적이라고 생각하는가?

8 제자들에게 ________을 부탁하셨다.(마 28:18~20)

질문 당신의 순원들은 순장의 삶을 살고 있는가? 살기를 원하는가?

질문 순원들이 순장이 되도록 도전하려면 어떻게 해야 할까?

강의 2

제자화 사역의 시작과 함정

개관 목적

제자화 사역을 시작할 때의 핵심 요소와 피해야 할 함정들을 이해함으로 당신이 실제적인 제자화 사역의 전략을 수립하고 실행하도록 돕는 것이다.

학습 목표

1. 제자화 사역을 시작할 때 알아야 할 핵심 요소를 말할 수 있다.
2. 제자화 사역에서 피해야 할 함정들은 어떤 것이 있는지를 알 수 있다.
3. 자신의 제자화 사역을 점검해 볼 수 있다.

서론

1. 제자를 육성하기 위해서 가장 먼저 해야 할 일은 복음을 많은 사람들에게 전하는 것이다. (많이 뿌려야 할 필요성: 많은 제자를 육성하려면 훨씬 많은 사람에게 전도해야 한다)
2. 전도를 계속해 나가되, 영접한 사람들을 기초 육성에 초청하여 순모임을 시작한다. 그러나 순모임을 하고 있다는 것으로 만족하고 거기에 머물러서는 안 된다.
3. 주님의 지상명령 성취를 돕기 위해 순원들 가운데 전략적으로 소수의 사람들을 선택하여 제자로 육성하여 파송해야 하는데 이것이 제자화 사역이다.

1. 제자화 사역의 시작

희수는 소고기 스테이크를 정말 좋아한다. 처음에는 주로 스테이크를 맛있게 요리하는 유명한 음식점을 찾아다니면서 스테이크를 어떻게 해야 맛있게 먹을 수 있는지를 아는데 집중했다. 그러다가 나중에는 자신이 직접 스테이크를 만들어 먹기로 했다. 유명한 스테이크 전문 요리사들을 찾아다니며 스테이크 만드는 비법을 여러 가지로 전수 받았다. 특히 자신이 가장 맛있게 먹었던 스테이크 음식점의 수석 주방장에게 특별 사사까지 받았다. 그러나 아무리 정확하게 그 주방장이 가르쳐 준 비법대로 온도를 맞추고 시간을 재고 소스들을 가미해도 자신이 맛보았던 바로 그 최고의 맛은 낼 수 없었다.

질문 희수가 최고의 맛을 낼 수 없었던 이유는 무엇일까?

____

____

____

1. 제자화 사역은 ________ 에서부터 시작된다.
제자화 사역의 승패는 우리가 어떤 제자들을 선택하느냐에 달려있다. 아무리 탁월한 제자화 사역 프로그램과 시스템을 갖추더라도 제자로 선택한 사람들이 준비되어 있지 않다면 제자화 사역은 성공적으로 이루어지지 않는다.

그렇다면 우리는 어떻게 제자를 선택해야 하는가?

성경의 예들을 통해, 제자를 선택할 때 어떤 기준과 방법으로 해야 하는지를 살펴보자.

2 제자 선택의 핵심적인 요소

(1) 제자 선택의 첫 번째 요소

다음 성경 구절들을 읽고 아래의 물음에 답해보라.

"내가 아무 것도 스스로 할 수 없노라 듣는 대로 심판하노니 나는 나의 뜻대로 하려 하지 않고 나를 보내신 이의 뜻대로 하려 하므로 내 심판은 의로우니라" (요 5:30)

"나는 포도나무요 너희는 가지라 그가 내 안에 내가 그 안에 거하면 사람이 열매를 많이 맺나니 나를 떠나서는 너희가 아무 것도 할 수 없음이라" (요 15:5)

이 구절들에서 예수님이 말씀하시고자 하는 핵심은 무엇이라고 생각하는가? 또 우리가 제자 선택 과정에서 적용해야 할 진리는 무엇인가?

____

____

____

키포인트: 제자 선택의 첫 번째 요소는 하나님을 ________________ 이다.

(2) 제자 선택의 두 번째 요소

3그룹으로 나누어 아래의 성경 구절들을 읽고 질문에 답한 후 그룹별로 발표해 보라.

"이 때에 예수께서 기도하시러 산으로 가사 밤이 새도록 하나님께 기도하시고 밝으매 그 제자들을 부르사 그 중에서 열둘을 택하여 사도라 칭하셨으니" (눅 6:12~13)

"이에 제자들에게 이르시되 추수할 것은 많되 일꾼이 적으니 그러므로 추수하는 주인에게 청하여 추수할 일꾼들을 보내 주소서 하라 하시니라" (마 9:37~38)

"너희가 기도할 때에 무엇이든지 믿고 구하는 것은 다 받으리라 하시니라" (마 21:22)

토의 이 구절들에서 공통적으로 강조되고 있는 요소는 무엇인가? 하나님에 대한 우리의 신뢰와 이 요소는 어떤 관계가 있는가? 또 우리의 제자 선택과정에 대해 이것은 무엇을 시사해주고 있는가?

___

___

___

키포인트: 제자 선택의 두 번째 요소는 제자 선택을 위해 ________ 이다.

(3) 제자 선택의 세 번째 요소

다음 성경 구절들을 읽고 아래의 물음에 답해보라.

"이 때부터 예수께서 비로소 전파하여 이르시되 회개하라 천국이 가까이 왔느니라 하시더라 갈릴리 해변에 다니시다가 두 형제 곧 베드로라 하는 시몬과 그의 형제 안드레가 바다에 그물 던지는 것을 보시니 그들은 어부라 말씀하시되 나를 따라오라 내가 너희를 사람을 낚는 어부가 되게 하리라 하시니" (마 4:17~19)

"그러므로 너희는 가서 모든 민족을 제자로 삼아 아버지와 아들과 성령의 이름으로 세례를 베풀고" (마 28:19)

토의 이 구절들은 서로 어떤 연관이 있는지 생각해 보고, 우리의 제자 선택 원리에 대해 적용할 점은 무엇인지 말해보라.

___

___

___

키포인트: 제자 선택의 세 번째 요소는 ________ 을 갖는 것이다.

(4) 제자 선택의 네 번째 요소

토의 4그룹으로 나누어 각 그룹별로 다음의 성경 구절들을 읽어보고 예수님께서 기대하시는 제자들의 특성에는 어떤 것들이 있는지를 말해보라.

A 그룹 마 4:18~22

____

____

____

B 그룹 마 5:1~2

____

____

____

C 그룹 마 25:21

____

____

____

D 그룹 딤후 2:2

____

____

____

키포인트: 제자 선택의 네 번째 요소는 ______________ 제자들을 선택하는 것이다.

제자는 적어도 다음과 같은 자질들을 갖추고 있어야 한다.

1) 하나님을 알고자 하는 ________ (Passion for God)

2) _________ (Availability)

3) 배우려는 자세(Teachability)

4) ________ 태도(Faithfulness)

5) 다른 사람을 _________ 능력(Ability to Lead Others)

2. 제자화 사역에서 피해야 함정들

제자화 사역은 저절로 이루어지지 않는다. 제자의 선택에서부터 시작하여 제자화 사역을 지속해 나갈 때 피해야 할 함정들이 있다. 먼저 제자를 선택할 때에 피해야 할 함정을 알아보자.

1 제자 선택 과정에서 피해야 할 함정들

(1) 첫 번째 함정

다음 성경 구절들을 읽고 아래 물음에 답해보라.

"그리스도 예수 안에서 나와 함께 갇힌 자 에바브라와 또한 나의 동역자 마가, 아리스다고, 데마, 누가가 문안하느니라" (몬 1:24)

"그리스도 예수의 종인 너희에게서 온 에바브라가 너희에게 문안하느니라 그가 항상 너희를 위하여 애써 기도하여 너희로 하나님의 모든 뜻 가운데서 완전하고 확신 있게 서기를 구하나니 그가 너희와 라오디게아에 있는 자들과 히에라볼리에 있는 자들을 위하여 많이 수고하는 것을 내가 증언하노라 사랑을 받는 의사 누가와 또 데마가 너희에게 문안하느니라" (골 4:12~14)

"데마는 이 세상을 사랑하여 나를 버리고 데살로니가로 갔고 그레스게는 갈라디아로 디도는 달마디아로 갔고 누가만 나와 함께 있느니라 네가 올 때에 마가를 데리고 오라 그가 나의 일에 유익하니라" (딤후 4:10)

토의

바울의 제자들 가운데 데마에게는 무슨 일이 일어났는가? 왜 이런 일이 일어났다고 생각하는가? 이런 일을 예방하려면 어떻게 하는 것이 가장 좋은 방법이라고 생각하는가?

___

___

___

키포인트: 제자 선택의 첫 번째 함정은 ________ 과 ________ 이 충만하지 않은 사람을 선택하는 것이다.

(2) 두 번째 함정

다음 성경 구절들을 읽고 아래 물음에 답해보라.

"바울과 및 동행하는 사람들이 바보에서 배 타고 밤빌리아에 있는 버가에 이르니 요한은 그들에게서 떠나 예루살렘으로 돌아가고" (행 13:13)

"며칠 후에 바울이 바나바더러 말하되 우리가 주의 말씀을 전한 각 성으로 다시 가서 형제들이 어떠한가 방문하자 하고 바나바는 마가라 하는 요한도 데리고 가고자 하나 바울은 밤빌리아에서 자기들을 떠나 함께 일하러 가지 아니한 자를 데리고 가는 것이 옳지 않다 하여 서로 심히 다투어 피차 갈라서니 바나바는 마가를 데리고 배 타고 구브로로 가고 바울은 실라를 택한 후에 형제들에게 주의 은혜에 부탁함을 받고 떠나 수리아와 길리기아로 다니며 교회들을 견고하게 하니라" (행 15:36~41)

토의

이 구절들은 어떤 사건을 말하고 있는가? 왜 이런 일이 벌어졌는지 그 이유를 찾아보고 또 그 일로 인해 어떤 결과가 나타났는지를 말해 보라.

____

____

____

키포인트: 제자 선택의 두 번째 함정은 ______________ 를 무시하는 것이다.

1) 제자 선택에서 고려해야 할 성숙의 요소는 두 가지로, 사회적 요소와 인격적 정서적 요소이다.
2) 사회적 성숙의 요소는 다른 사람과 관계를 형성하고 지속해 나가는 능력이다. 이것은 제자로서 팀으로 사역할 수 있는지의 여부를 판단하는 기준이 된다.
3) 인격적, 정서적 요소는 주어진 임무를 수행해 나가고 책임을 완수해 나가는데 필요한 능력과 관련된 요소이다.
4) 사회적으로나 인격적, 정서적으로 성숙한 사람이 승법번식을 잘 수행해 나갈 수 있고, 또한 더 많은 사람들에게 영향력을 끼치게 되며 궁극적으로는 제자화의 목표를 달성할 수 있게 된다.

(3) 세 번째 함정

다음 성경 구절들을 읽고 아래 물음에 답해보라.

"우리 중에 이루어진 사실에 대하여 처음부터 목격자와 말씀의 일꾼 된 자들이 전하여 준 그대로 내력을 저술하려고 붓을 든 사람이 많은지라 그 모든 일을 근원부터 자세히 미루어 살핀 나도 데오빌로 각하에게 차례대로 써 보내는 것이 좋은 줄 알았노니 이는 각하가 알고 있는 바를 더 확실하게 하려 함이로라" (눅 1:1~4)

"데오빌로여 내가 먼저 쓴 글에는 무릇 예수께서 행하시며 가르치시기를 시작하심부터 그가 택하신 사도들에게 성령으로 명하시고 승천하신 날까지의 일을 기록하였노라" (행 1:1~2)

토의 누가복음과 사도행전의 수신인의 칭호에는 어떤 변화가 있는가? 이 변화는 무엇을 의미하는가? 누가의 편지를 받은 "각하" 데오빌로는 후에 로마 제국 내의 지도층 복음 전파에 어떤 영향을 끼쳤을 것으로 생각하는지 상상해 보고 의견들을 서로 나눠보라.

____

____

____

키포인트: 제자 선택의 세 번째 함정은 ________________ 을 제자화의 대상으로 생각하지 않는 것이다.

1) 사람은 누구나 살아가면서 서로 영향을 주고 받기 때문에 그 사람의 사회 문화적 배경과 상관없이 ______ 제사가 될 수 있다.

2) 특히 사회 문화적으로 높은 지위에 있는 사람들은 그렇지 않은 사람들 보다 훨씬 더 많은 사람들에게 ________ 을 미칠 수 있으므로 ________ 들을 제자화 대상으로 여겨야 한다.

이들을 제자화하는 것이 중요한 이유는,

(a) 사회 문화적으로 높은 지위에 있는 사람들도 예수 그리스도를 믿지 않으면 구원을 받을 수 없다. 뿐만 아니라 그들도 개인적으로 그리스도를 알고 성장하며 제자로 살고 싶어 하기 때문이다.

(b) 모든 지도자들은 ______________ 는 것이 성경적 원리다. 하나님은 사회 문화적으로 높은 지위에 있는 사람들이 많은 사람들에게 그리고 또 다른 지도자들에게 복음을 전하는데 그들의 ______ 을 사용하기를 기대하신다. 그들을 제자

화하는 것이 지상명령 성취에 대단히 중요하므로 사회 지도층을 제자화 사역의 대상에서 제외하지 말아야 한다.

2 제자화 사역에서 피해야 할 함정들

(1) 첫 번째 함정

어느 농부의 이야기

당신은 어느 날 아침 '남쪽 밭'을 갈러 간다고 아내에게 말했던 한 농부의 이야기를 들어 본 적이 있는가? 그는 트랙터에 기름을 넣기 위해 아침 일찍 출발했다. 그런데 가는 도중에 기름이 떨어졌다. 그는 기름을 얻기 위해 주유소로 갔다. 주유소로 가는 길에 돼지에게 밥을 주지 않은 사실이 갑자기 생각났다. 그는 옥수수 창고로 갔다. 거기서 먹이 자루를 찾았다. 그런데 그 자루 옆 저장고에 있는 감자에 싹이 트고 있는 것을 발견했다. 감자 구덩이를 향해 부지런히 가는 길에 그는 장작더미 앞을 지나가게 되었는데, 장작더미를 보는 순간 집에서 아내가 장작을 부탁했던 사실이 생각났다. 몇 개의 나무 토막을 줍고 있을 때 병든 닭이 옆을 지나갔다. 그는 장작을 땅에 내려 놓고 그 닭을 쫓아갔다. 이미 황혼 녘이 되었건만 그 농부는 벌판에 홀로 세워 둔 트랙터에 도달하지 못했다.

- 스테펀 더글라스, 『크리스찬의 자기관리』 (서울: 순출판사, 1989), 11. -

질문 이 농부에게 무슨 일이 일어났는가?

____

____

____

키포인트: 제자화 사역의 첫 번째 함정은 제자화의 ______________ 이다.

(1) 제자화 사역의 목표는 하나님의 말씀에 순종하며 모든 세대에 지상명령 성취를 돕는데 적극적으로 참여하는 성령 충만한 그리스도인들의 운동을 일으키는 것이다.

(2) 제자화 과정에서 하는 모든 활동들은 항상 이 목표를 기준으로 점검하고 평가하고 수정해야 한다.

(2) 두 번째 함정

다음 두 사례를 읽고 질문에 답해보라.

[사례 1]

대전지구의 한 순장이 축구를 좋아해서 축구순을 만들기로 하고 대전지구의 형제들을 찾아다니며 홍보를 했다. 많은 형제들이 호응을 했고 축구팀이 구성되었다. 그래서 그들은 매주 토요일 축구를 했다. 그들은 한 번도 빠짐없이 열심히 모였고 서로 아주 친해지고 축구할 때뿐만 아니라 평소에도 서로 간에 형제애도 돈독해져 갔다. 그런데 축구를 좋아하지 않거나 잘하지 못하는 형제들은 물론 자매들까지도 축구순이 너무 자기들끼리만 친하게 지낸다고 불평을 하기 시작했다.

토의 이 축구순의 장점은 무엇인가? 또 이 순에서 부족한 점은 무엇인가? 앞으로도 계속 이 축구순이 이렇게 활동을 해 나간다면 대전지구 전체에 어떤 영향을 미칠 것으로 생각하는가?

___

___

___

[사례 2]

전주지구에 각자 다른 대학을 다니지만 여러 가지 사정으로 같은 시기에 휴학을 했다가 복학한 5명의 자매들이 있었다. 전주지구의 간사님이 이 자매들과 순모임을 하기로 하고 시간과 장소, 사용할 교재를 정한 후 순모임을 시작했다. 처음에는 모두 기대와 설렘을 가지고 열심히 순모임에 참여했다. 그러나 한 달이 지나자 한 자매가 학비를 벌기 위해 아르바이트를 해야 한다며 순모임에 나올 수 없다고 간사님께 알려왔다. 자매들이 각각 다른 대학을 다니고 또 복학생들이라 공부에 많은 신경을 쓰다 보니 그 후에도 순모임은 계속 됐지만 차츰 활기가 없어지고 그냥 성경공부만 하고 흩어지는 횟수가 많아졌다. 나중에 이 자매들은 결국 간사님께 더 이상 순모임을 할 수 없다고 말했다.

토의 이 자매들이 순모임에 흥미를 잃게 되고 결국엔 순모임을 하지 않게 된 요인들을 무엇이라고 생각하는가? 이들을 제자화 사역에 참여시키려면 간사님은 어떻게 해야 한다고 생각하는가?

___

___

___

키포인트: 제자화 사역의 두 번째 함정은 순원들 사이의 _______에 불균형이 생기는 것이다.

(1) 한 순 안에서 순원들 간에 ___________가 지나치게 높으면 순이 도리어 장벽이 되어 다른 순원들이 함께 하기 어려운 배타적인 순으로 ____________ 되기 쉽다.

(2) 한 순 안에 _____________가 너무 낮으면 소속감이나 동질감을 느끼지 못하고, 친구로서의 우정이나 신뢰감과 _____________이 떨어져 순이 와해될 수도 있다.

(3) 따라서 순이 건강하게 성장하고 영향력을 극대화하기 위해서는 내향성과 외향성 사이에 적절한________이 이뤄지도록 노력해야 한다.

3. 제자화 사역을 위한 개인 전략

1 현재 당신은 순원을 육성하고 있는가? 있다면 당신의 순원(들)을 제자화 사역으로 전환하기 위해서 우선적으로 해야 할 일들은 어떤 것들이라고 생각하는가?
아래 표에 무엇을 어떻게 언제부터 할 것인지 적으라.

제자화 사역을 위해 할 일 (WHAT)	방법 (HOW)	스케줄 (WHEN)

2 만약 순원이 없다면 제자화 사역을 위해 당신이 지금 가장 시급하게 해야 할 일은 무엇이라고 생각하는가? 언제 어떻게 어디서 누구를 대상으로 제자화 사역을 할 것인지 계획을 세우고 실천하기 시작하라.

제자화 사역을 위해 할 일 (WHAT)	방법과 대상 (HOW & WHO)	스케줄 (WHEN)

3 현재 당신의 순모임을 평가해 볼 때 앞에서 언급한 함정들에 해당하는 항목들이 있는가? 있다면, 어떻게 그런 함정들에서 벗어날 수 있는지 방법들을 말해보고 앞으로 그런 함정들을 피하기 위해서는 어떻게 해야 할지를 적어보라.

내 제자화 사역의 함정들	함정에서 벗어나는 방법들	함정을 예방하는 방법들

강의 3

승법번식 하는 제자화 순의 특성

개관 목적

승법번식하는 제자화 순의 특성을 이해함으로
당신의 순이 제자화 순으로 성장하도록 돕는 것이다.

학습 목표

1. 승법번식 하는 제자화 순의 3가지 특성을 말할 수 있다.
2. 제자화 순원들의 그리스도에 대한 믿음과 사랑이 성장하도록 돕는 방법을 알 수 있다.
3. 잃어버린 자들에 대한 열정과 관심이 자라도록 격려하는 방법을 알 수 있다.

서론

질문 당신의 순의 특성을 세 단어로 표현한다면 어떻게 표현할 수 있을까?

1. 제자화 순의 3가지 특성

1 제자화 순의 첫 번째 특성

다음 성경 구절을 읽고 아래의 질문에 답해 보라.

살전 1:3~8 너희의 믿음의 역사와 사랑의 수고와 우리 주 예수 그리스도에 대한 소망의 인내를 우리 하나님 아버지 앞에서 끊임없이 기억함이니 하나님의 사랑하심을 받은 형제들아 너희를 택하심을 아노라… 또 너희는 많은 환난 가운데서 성령의 기쁨으로 말씀을 받아 우리와 주를 본받은 자가 되었으니 그러므로 너희가 마게도냐와 아가야에 있는 모든 믿는 자의 본이 되었느니라 주의 말씀이 너희에게로부터 마게도냐와 아가야에만 들릴 뿐 아니라 하나님을 향하는 너희 믿음의 소문이 각처에 퍼졌으므로 우리는 아무 말도 할 것이 없노라.

토의 데살로니가교회 성도들은 주변의 여러 지역에 놀라운 영향력을 끼치고 있었다. 그들이 이처럼 큰 영향력을 끼칠 수 있었던 원천은 무엇이라고 생각하는가?

키포인트: 제자화 순의 첫 번째 특성은 그리스도에 대한 ____________가 성장하는 것이다.

이런 특성은 순원들의 삶 속에서 예수님을 닮고 싶은 열망과 하나님을 섬기기 원하는 간절한 소원으로 증명된다. 예수님의 능력과 주권이 순모임과 개인적인 관계와 지상명령 성취를 돕는 것의 기초가 되어야 한다. 순원들은 순장이나 다른 순원들보다 예수 그리스도와 그의 무한한 자원을 신뢰해야 한다.

토의 제자화 순에서 그리스도에 대한 사랑과 신뢰가 성장하지 못하면 어떤 문제들이 생길 것이라고 생각하는가?

____

____

____

(1) 그리스도에 대한 믿음과 사랑이 성장하지 못할 때 생기는 문제들

1) 순모임이 __________ 된다.
개인의 의견이 순을 지배하며 순원들은 그리스도가 아닌 자신들의 문제에 집착한다.

2) 제자화 순에 대한 ______________ 를 상실하게 되며 __________ 이 결여되어 순은 실패하게 된다.

토의 주님에 대한 사랑과 신뢰를 키우기 위해 각자의 어려움들, 문제들, 시험, 마음의 상처, 여러 가지 필요 등을 그리스도께 맡기도록 순원들을 격려하는 방법에는 어떤 것들이 있는가?

____

____

____

(2) 제자화 순원들의 믿음과 사랑을 그리스도께로 집중시키는 방법

1) 그리스도께서 순장 자신을 통해 역사하셨던 내용들을 ______ 한다.
2) 하나님과 예수 그리스도에 대한 사랑과 믿음의 헌신에 대한 성경의 ________ 과 ________ 들을 들려준다(롬 4:19~21). 특히 구약의 인물들이 좋은 예가 될 수 있다.
3) 매일 매일의 삶에서 ___________ 을 강조한다.
4) 어떤 상황에서든지 기도의 능력을 믿고 ______ 하도록 도전한다.

2 제자화 순의 두 번째 특성

다음 성경 구절을 읽고 아래의 질문에 답해 보라.

"그들이 사도의 가르침을 받아 서로 교제하고 떡을 떼며 오로지 기도하기를 힘쓰니라 사람마다 두려워하는데 사도들로 말미암아 기사와 표적이 많이 나타나니 믿는 사람이 다 함께 있어 모든 물건을 서로 통용하고 또 재산과 소유를 팔아 각 사람의 필요를 따라 나눠 주며 날마다 마음을 같이하여 성전에 모이기를 힘쓰고 집에서 떡을 떼며 기쁨과 순전한 마음으로 음식을 먹고 하나님을 찬미하며 또 온 백성에게 칭송을 받으니 주께서 구원 받는 사람을 날마다 더하게 하시니라" (행 2:42~47)

토의 위의 말씀에서 초대 교회 성도들의 하나님을 향한 믿음 외에 교회 밖의 불신자들에게까지 칭찬을 받게 하는 요인은 무엇이었는가? 또한 이로 인해 초대 교회에 어떤 일이 일어났는가?

____

____

____

키포인트: 제자화 순의 두 번째 특성은 제자화 순 안의 ____________ 과 다른 ____________ 에 대한 사랑과 관심이 성장하는 것이다.

초대 교회 성도들은 신앙에 대한 로마 제국의 대대적인 박해를 피해 어둡고 습하고 열악한 카타콤(the Catacombs: 로마 제국의 박해를 피해 하나님께 예배를 드리며 신앙을 지키기 위해 그리스도인들이 숨어 살던 지하 무덤) 속에서 함께 생활했다. 이들은 늘 죽음의 위협을 느끼면서도 끊임없이 서로를 사랑하고 섬기려고 최선을 다했다. 박해가 심해지면 질수록 그에 비례해 성도들 간의 서로에 대한 관심과 사랑과 헌신도 커져갔다. 동시에 수적으로도 크게 부흥되었다. 초대교회가 이렇게 놀랍게 성장할 수 있었던 이유는 성도들 서로 간에 깊은 관심과 사랑과 섬김이 있었기 때문이다.

토의 제자화 순에서 다른 순원들과 다른 그리스도인들에 대한 사랑과 관심이 성장하지 못하면 어떤 문제들이 생길 것이라고 생각하는가?

____

____

____

____

(1) 순원들과 다른 그리스도인들에 대한 사랑과 관심이 성장하지 못할 때 생길 수 있는 문제들

1) ________________________가 같이 고통을 겪게 된다(엡 4:16).

2) 다른 그리스도인들과 불신자들에게 _________이 된다(살전 1:6, 7).

3) 순원 개개인의 신앙 열정이 식어지고 __________이 느려진다.

다음 성경 구절을 읽고 아래의 질문에 답해 보라.

"서로 사랑하라 내가 너희를 사랑한 것 같이 너희도 서로 사랑하라 너희가 서로 사랑하면 이로써 모든 사람이 너희가 내 제자인 줄 알리라" (요 13:34~35)

토의 이 말씀에서 예수님께서 강조하고자 하는 핵심이 무엇이라고 생각하는가? 우리가 예수님의 제자라면, 제자 됨을 세상에 어떻게 증명해 보일 수 있다고 말씀하시는가? 이 말씀에 비추어 우리의 제자화 순 안에서 서로를 향한 사랑과 관심을 표현하고 성장시킬 수 있는 방법들을 얘기해 보라.

____

____

____

(2) 다른 순원들과 다른 그리스도인들에게 사랑과 관심을 표현하는 방법

1) _______________의 시간을 더 많이 가진다.

2) 진지한 영적 관심을 표현하거나 동기나 의도가 순수한 질문은 _________ 대답해주고 또 그 질문들에 대한 순원의 __________ 을 주의 깊게 듣는다.

3) 모든 그리스도인들은 예수 그리스도 안에서 _______ 이라는 것과 영적 가족이라는 것을 강조한다(고전 12:12~14; 엡 2:19).

3 제자화 순의 세 번째 특성

다음 성경 구절을 읽고 아래의 질문에 답해 보라.

"무리를 보시고 불쌍히 여기시니 이는 그들이 목자 없는 양과 같이 고생하며 기진함이라 이에 제자들에게 이르시되 추수할 것은 많되 일꾼이 적으니 그러므로 추수하는 주인에게 청하여 추수할 일꾼들을 보내 주소서 하라 하시니라" (마 9:36~38)

토의 이 말씀에서 예수님이 제자들에게 가르치기 원하셨던 핵심은 무엇이라고 생각하는가? 만약 당신이 직접 그 자리에 있었다면 당신은 이 말씀을 어떻게 이해하고 순종했을 것으로 생각하는가? 어떻게 이 말씀을 당신의 제자화 순에 적용할 수 있을까?

____

____

____

키포인트: 제자화 순의 세 번째 특성은 잃어버린 자들에 대한 ____________ 이 성장하는 것이다.

토의 예수님의 지상 생애를 보면 잃어버린 자들(예수 그리스도를 모르거나 믿지 않는 사람들)에 대한 예수님의 마음을 엿볼 수 있다. 만약 당신의 제자화 순 안에 잃어버린 자들에 대한 열정과 관심이 자라지 않는다면 어떤 문제들이 생길 것이라고 예상하는가?

____

____

____

(1) 잃어버린 자들에 대한 열정과 관심이 점점 더 자라지 않을 때 생길 수 있는 문제들

1) 잃어버린 자들은 영적으로 영원히 __________ 에 있게 된다(고후 2:15, 16).

2) 제자화 순모임의 _______ 가 성취되지 못한다.

[다음은 한국 CCC 창설자인 고 김준곤 목사가 들려준 이야기와 신앙 고백이다]

1963년 여름 경기도 양주 입석에서 수양회를 가졌다. 의과 대학에 다니는 한 학생은 사랑하는 친구 한 사람을 주님께 인도하려고 늘 기도하며 사랑으로 돌보고 있었다. 그의 친구가 수양회에 왔다가 분위기가 너무 벅차서 도망가려고 하자 그 학생은 나에게 와서 기도를 요청했다.

그날 밤 그가 홀로 뒷산 바위 밑에서 기도하는 소리를 들었다. "주여, 내 친구를 구원하여 주옵소서. 내 생명을 취하시더라도 꼭 구원해 주옵소서" 라고 반복해서 기도하고 있는 것을 순회하다가 들었다. 결국 그의 친구는 결신을 했고 지금도 주님을 위해 살고 있다. 이 학생도 10여명의 제자를 키우고 있다.

- 김준곤, 『순론 노트』 (서울: 순출판사, 1971) -

내 생애에 일어난 최대 사건은 예수 그리스도 사건이다. 그리스도는 나의 생명이요, 사랑이요, 소망이요, 나의 평안이요, 지혜요, 힘이요, 모든 것의 모든 것이다. 그리스도의 절대가 다른 모든 것을 상대화시켰다. 그런고로 내가 내 사랑하는 자녀에게 남기고 싶은 유일의 유산은 예수 그리스도이다. 그리고 사랑하는 내 이웃에게, 내 동족들에게 목숨을 바쳐 드리고 싶은 것도 예수다.

- 김준곤, "나와 그리스도 사건", 『예수칼럼』(서울: 순출판사, 1981(1989)) -

토의 제자화 순은 그리스도와 다른 그리스도인들에 대한 사랑과 관심이 자라갈 뿐 아니라 하나님을 알지 못하는 잃어버린 자들에 대한 열정과 관심도 자라야 한다. 그렇다면 어떻게 잃어버린 자들에 대한 열정과 관심이 성장할 수 있을까?

____

____

____

(2) 잃어버린 자들에 대한 순원들의 열정과 관심이 자라도록 격려하는 방법

1) 그리스도를 알지 못하는 잃어버린 자들의 참 필요를 알게 해달라고 ______ 한다.

2) 지속적으로 불신자들에게 관심을 가지고 그들의 필요를 채워주려고 노력하며 그들과 ______ 하게 한다.

3) 순원들과 함께 나가 ________________ 복음을 전한다.

4) 성경을 통해서 세상 모든 사람들이 구원 얻기를 바라시는 ______________ 을 보여 준다.

5) 예수를 믿기 전의 자신의 생활을 돌아보게 하고 예수를 믿은 후에 자신이 어떻게 ____________ 를 기억하게 한다.

질문 당신이 90세에 죽었다고 가정해 보라. 그때 당신의 묘비에 사람들이 어떤 묘비명을 새겨주기를 원하는가? 사람들이 당신의 묘비에 그런 묘비명을 새기게 하려면 지금 당신은 무엇을 하며 어떻게 살아야 한다고 생각하는가?
(거꾸로 쓰는 이력서)

____

____

____

2. 실천사항

지금까지 공부해 왔던 제자화 순의 3가지 특성에 비추어 볼 때 내가 인도하고 있는 순 안에서 즉시 시작할 수 있는 일들에는 어떤 것들이 있는가?

나의순 3가지 / 제자화 순의 3가지 특성	현재의 순의 모습	제자화 순의 특성을 강화하기 위한 방법들	실천하기 위한 시기
1. 그리스도에 대한 신뢰와 사랑의 성장			
2. 제자화 순원들과 다른 그리스도인들에 대한 사랑과 관심의 성장			
3. 잃어버린 자들에 대한 열정과 관심의 성장			

강의 4

제자화 순의 구성 요소와 운영

개관 목적

제자화 순의 구성 요소들을 알고 순원들의 필요를 채우기 위하여
제자화 순을 어떻게 운영해야 하는가를 배움으로써
당신의 제자화 순이 지상명령 성취를 돕는 데 적극적으로 참여하도록 하려는 것이다.

학습 목표

1. 제자화 순을 구성하는 5가지 요소들을 말할 수 있다.
2. 제자화 순 활동의 실제적인 방법들을 제시할 수 있다.
3. 제자화 순에서의 지속적인 필요와 변하는 필요를 구별하고,
이 필요를 채워 주기 위한 활동을 계획하고 실행할 수 있다.

서론

토의 사도행전 20:17~21, 31~35에서 사도 바울이 다른 사람을 효과적으로 제자화 할 수 있었던 요소들을 찾아보라.

제자화 순을 설계할 때, 제자화 순이 반드시 갖추어야 하는 5가지 구성 요소들이 있다. 이 강의에서는 이 구성 요소들과 순원들의 필요를 채워주기 위하여 어떻게 제자화 순을 운영해야 하는가에 대한 몇 가지 실제적인 제안들을 논의할 것이다.

1. 제자화 순을 설계할 때 갖추어야 할 구성 요소

1 분명한 목표

제자화 순의 목표는 하나님의 말씀에 순종하며 모든 세대에 지상명령 성취를 돕기 위해 적극적으로 참여하는 성령 충만한 그리스도인들의 운동을 일으키는 것이다.

질문 순모임이 목표를 잃어버리게 되면 어떤 일이 일어나게 될까?

질문 제자화 순의 목표에 비추어 당신의 순이 개선해야 할 부분은 무엇인가?

제자화 순의 순장이 항상 염두에 두어야 할 것은 제자화 순의 분명한 목표를 갖는 것이다. 이 목표에 초점을 둘 때 제자화 순은 다른 사람들을 ______________ 그 자체로 끝나지 않게 될 것이다.

2 성경 말씀

질문 성경 말씀이나 성경적 내용을 가르치지 않을 때 제자화 순은 어떻게 될까?

____

____

____

순원들이 하나님의 말씀에 순종하도록 돕는 것은 제자화 순의 중요한 목표이다. 그러나 하나님의 말씀에 순종하기보다는 내가 원하는 대로 하려는 우리의 성향 때문에 우리에게는 끊임없는 내적 싸움이 있다. 한편, 우리가 하나님의 말씀에 순종하려고 해도, 하나님의 말씀에서 멀어지게 하는 이 세상의 가치관과 사고방식이 끊임없이 우리를 유혹하므로 우리는 매일 갈등 속에서 살게 된다. 이런 내적, 외적 싸움 속에서 하나님의 뜻을 분명히 알고 또 그 뜻대로 _______________ 을 얻는 것은 하나님의 말씀을 통해서만 가능하다 (참고 시 119:9~11; 딤후 3:16~17).

3 전략과 사역 자료

[사례 연구]

축구로 유명한 한 대학의 축구 코치 영수는 다가오는 큰 경기에서 그의 팀이 승리하기를 간절히 원했다. 그는 매일 팀 선수들을 만나면 그 대학의 옛 영광을 회복하기 위해 이번 경기에서는 반드시 이겨야 한다고 천부적인 언변으로 웅변을 토했다. 그의 이런 웅변을 들을 때마다 선수들은 열광적으로 반응하면서 "정말 감동이 되는군, 우리는 꼭 이길 수 있을거야!" 라고 말하곤 했다. 그러나 영수는 경기에서 이기기 위해 어떤 계획도 세우지 않았고 선수들에게 이에 따른 어떤 훈련도 시키지 않았다. 그의 팀이 이겨야 한다는 동기 부여는 했지만 이기기 위한 구체적인 득점 계획이나 전략, 통일된 경기 지침 등을 가르치거나 훈련하지 않았다. 시합하는 날에 어떤 일이 벌어졌을까?

질문 경기 계획 즉, 전략, 조직, 지침 등은 운동 경기 팀에 어떠한 도움을 주는가?

____

____

____

질문 운동 경기에서 철저한 계획을 세우고 이에 따라 경기하는 것과 제자화 과정에서 전략과 사역 자료를 사용하는 것 사이에는 어떤 유사점이 있는가 ?

운동 경기에서 이기기 위해 계획과 전략을 짜는 것처럼 제자화 과정에도 목표를 이루기 위해 전략과 도구들을 갖추어야 한다.

질문 눅 10:1~11에 의하면, 예수님이 제자들을 세우시고 파송하시기 전에 어떤 지침(전략)을 주셨는가?

다음의 도표는 제자로 육성하기 위한 간단한 전략과 자료들을 보여준다.
(더 자세한 커리큘럼은 GrowDIP 도표를 참조하라)

전략		사역자료
전 도	개인 전도, 그룹 전도	사영리, 『P4U』, 『사랑하는 형에게』 『순친전』 예수영화, 『The Compass』, 『솔라리움』
육 성	Follow-Up	『새생활 시작 시리즈』 성령소책자, 『쉽게 선수할 수 있는 신앙개념』
	Start Up	『백문일답, 예수』 『열단계 성서 교재』
	Cru.Com	『Cru.Com I』 『Cru.Com II』 『Cru.Com III』
파 송	승법번식 하는 제자들	『Cru.com IV』 『Cru2』 『Life Builders』

위의 도표에서는 CCC의 전도, 육성, 파송의 사역 전략과 이에 따라 성경의 내용을 다루는 교재가 사역의 자료로써 소개되어 있다. 여기에 소개된 자료들은 가장 기본적인 것들이며 이 밖에도 전략에 따라 다양한 자료들이 있다. 이에 대해서는 GrowDIP 도표를 참조할 수 있다.

이러한 학습 계획은 지상명령 성취라는 우리의 궁극적인 목적을 위해 제자들을 육성하는 전략과 사역 자료로 사용된다.

4 순장의 영향력

제자화 과정에서의 중요한 __________은 순장이 보이는 모범, 격려와 경책을 통하여 이루어지는 순장과 순원 사이의 친밀한 관계, 비전과 전도에 대한 강조이다.

(1) **모범:** 순장의 삶과 사역이 순원들의 삶에 영향을 주는 것을 모범이라고 말한다.

질문 빌 4:9; 벧전 5:3을 읽으라.
우리의 행동이 말보다 더 큰 영향을 끼치는 이유는 무엇인가?

____

____

____

사도 바울은 '나를 본받으라' 고 말한다. 아마 우리들은 순원들에게 '나를 본받으라' 고 말하기를 주저할 것이다. 우리는 모두 다 불완전하기 때문이다. 주님은 우리의 모습을 그대로 용납하신다. 그런데 이점에서 우리가 알아야 할 것은 순원들은 우리가 본받으라고 말하지 않아도 우리를 모방한다는 것이다. 순장으로서 우리는 순원들에게 많은 영향을 끼치게 된다. 말하는 것, 삶의 태도, 생활 방식, 경우에 따라서는 말투까지 닮아간다. 공적으로 배운 것보다는 삶을 통해서 ______________ 이 훨씬 많기 때문이다. 그러므로 순장은 모든 일에 경건한 삶의 모범이 될 수 있도록 끊임없이 자신을 살피고 성장해 가야 한다(빌 4:8).

(2) **관계 수립:** 순장과 순원 사이의 사랑과 신뢰의 친밀한 관계는 격려와 경책을 통하여 이루어진다.

질문 살전 2:7~12을 읽으라
친밀한 관계가 어떻게 제자화에 영향을 미치는가?

____

____

____

순장은 순원들을 제자화하면서 경건한 부모의 역할을 하게 된다. 순원들에게 경건한 삶을 살도록 끊임없이 격려해야 하고, 또한 필요할 때 경책도 해야 한다. 올바르게 자라도록 부모가 경책하지 않고 자녀를 그대로 내버려 두면 오히려 자녀에게 해가 될 수 있다. 우리의 제자들도 사랑하기 때문에 때때로 경책할 필요가 있을 것이다.

(3) 비전

질문 마 9:35~38을 보면 예수님의 비전이 제자들에게 전수되는 것을 볼 수 있다. 어떻게 순원들에게 비전을 전수할 수 있을까?

____

____

____

(4) 전도

질문 행 2:47; 5:42은 초대 교회가 전도를 강조하므로 제자화를 위한 적절한 배경을 제공했음을 보여준다. 전도를 강조하는 것이 제자화에 어떤 도움을 주는가?

____

____

____

모범과 친밀한 관계 수립 외에 건전한 영적 환경의 또 다른 두 가지 요소는 비전과 진도이다. 순원들에게 전도에 대한 비전을 나누어 줄 수 있는 최선의 방법은 __________ 이 ______________ 이다. 그리고 캠퍼스나 지역 사회에서 선도할 진략을 순원들과 함께 세움으로써 순원들에게 전도에 대한 비전을 심어줄 수 있다. 함께 전도하거나 모임에 함께 참석하거나 순원들의 가족과 친구들을 위해 함께 기도하는 것도 도움이 될 것이다.

[실천 사항] 지금 당신의 제자화 사역의 배경 즉 모범, 관계 수립, 비전, 전도를 증진할 방법들을 목록으로 만들어 보라. 이 개선책을 수행할 방법과 시기도 기록하라.

[제자화 순의 배경을 개선하는 방법]

영 역	개선할 내용	개선 방법	수행 시기
모범			
관계 수립			
비전			
전도			

5 하나님의 인도

약 1:2~4은 시련이 우리의 성품을 성숙시키기 때문에 시험을 만나거든 기뻐하라고 말씀하고 있다. 당신의 삶에서 이 말씀을 경험한 적이 있다면 나누어 보라.

주님은 주님이 원하시는 모습으로 우리를 빚으시기 위해 우리의______을 사용하신다. 주님은 우리 각 개인의 삶을 위해 독특하게 고안된 주님 자신의 제자 훈련 과정을 가지고 계신다. 여러 환경들, 즉 갖가지 형태의 시험, 승리와 실패 또는 어려움과 고통 속에서 우리를 주님께로 이끌어 결국은 성장하게 하신다. 궁극적으로 제자를 훈련하시는 분은 ________ 이시다.
우리는 하나님이 여러 환경을 통해 우리의 인격을 성숙시키신다는 것을 제자들로 하여금 깨닫게 해야 한다.

제자화 순의 5가지 구성 요소, 즉 분명한 목표, 성경적 내용, 전략과 사역 자료, 순장의 영향력과 하나님의 인도하심을 가진 제자화 순이 순원들의 필요를 채우기 위해 어떻게 순모임과 순의 기타 활동을 해야 할지 이에 대한 실제적인 방안을 토의해 보자.

2. 제자화 순의 운영

제자화 순을 운영할 때 순에서 할 수 있는 활동들을 크게 둘로 구분할 수 있다. 순 활동들 가운데 성경 공부 중심의 모임을 순모임이라고 하고, 이러한 성경 공부 외에 다른 활동들을 순의 기타 활동이라고 구분한다.

1 순모임

일반적으로 순모임은 다음과 같은 활동들로 이루어진다.

(1) 나눔

(2) 성경 공부

(3) 실제적인 사역(비전, 전략, 훈련)

(4) 기도

2 순의 기타 활동

순모임 외에 제자화 순의 활동 영역들은 세 가지로 구분할 수 있다. 각각의 영역들은 순원들의 제자화 과정을 강화시켜주는 여러 창조적인 활동들과 목표를 제공해 줄 것이다.

(1) 개인 생활: 각 순원들과 개인적으로 시간을 보내며 그들의 개인적인 필요를 파악하고 이를 채우기 위해 목표를 설정하고 창조적인 해결을 계획함으로 순원들의 성장을 도울 수 있다(예: 시간 관리, 성적 관리, 인간관계 등).

(2) 사역: 대학 동아리, 지역 사회, 회사, 주거 지역 등에서 전도하는 것 등을 고려할 수 있다.

(3) 사회 활동: 함께 식사하는 것, 운동경기, 오락, 봉사활동에 함께 참여하는 것 등 순모임 외의 일을 그리스도인 형제나 자매들과 함께 계획하는 것들을 포함한다.

질문 당신은 순모임 외에 순에서 어떤 활동들을 했는가? 왜 그런 활동들을 하게 되었으며 그 결과는 어떠했는가?

3 제자화 순을 운영할 때 고려해야 할 것

제자화 순 활동을 계획하고 실행할 때 고려해야 할 중요한 요소는 순원들의 필요를 채우는 것이다. 순원들의 필요는 지속적인 필요와 변하는 필요로 구분할 수 있다.

(1) 지속적인 필요

1) 정의: 감정이나 환경의 변화에 관계 없이 ______________ 하는 필요이다.

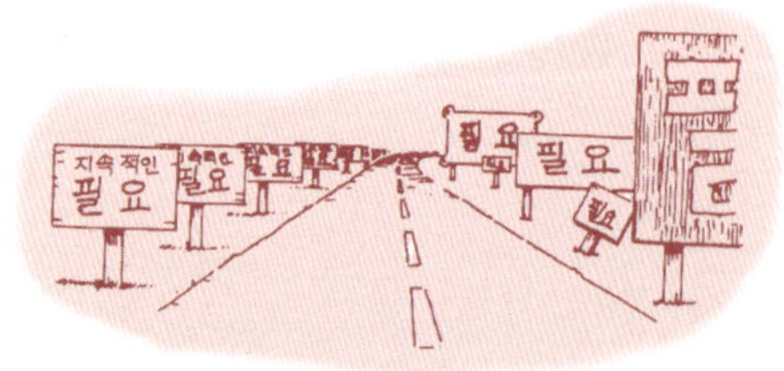

2) 예: ① 구원은 세상의 모든 사람들에게 지속적인 필요이다.

② 모든 그리스도인들에게 영적 성장을 위해 기본적으로 필요한 것이 있다. 예수 그리스도의 유일성, 그리스도 안에서 믿음으로 구원을 얻는 방법, 구원의 확신을 갖는 방법, 승리하는 그리스도인의 삶을 살기 위해 순간 순간 성령 충만을 받는 방법, 다른 사람에게 믿음을 나누는 방법, 성령의 권능을 체험하는 방법 등을 알아야 한다.

③ 각 개인의 문제가 무엇이든지간에 순원들에게는 성경의 중심 진리를 알아야 하는 지속적인 필요가 있다.

3) 필요를 채우는 방법: 제자화 순을 위한 ________________________ 를 따라 충실하게 교육하고 훈련할 때 지속적인 필요를 채울 수 있다.

(2) 변하는 필요

1) 정의: 변하는 필요는 환경, 현재의 문제, 관심사 등에 따라 생기는 필요이다. 이는 각 개인마다 독특한 것이며 감정적으로 __________ 이다.

2) 예: 이성 교제, 자아상의 문제, 친구와의 갈등, 가정의 문제, 진로 문제 등등

3) 필요를 채우는 방법

① 한 순원이 친구와의 갈등으로 어려워할 때 순장은 이러한 주제에 대해 다른 순원들과 함께 토의할 것인지 아니면 그와 개인적으로 다룰 것인지를 결정해야 한다.

② 순모임에서 여러 가지 변하는 필요들을 다룰 수 있지만, 변하는 필요를 모두 토론한다면 순모임은 방향을 상실하게 될 것이다. 그러므로 지속적인 필요를 채우기 위해서는 제자화 순의 사역 자료로 제시된 교재를 충실히 따라야 한다.

③ 순장은 교재에 제시된 주제를 가르침으로써 이러한 지속적인 필요를 충족시키

고 순원들은 이것을 변하는 필요에 적용할 수 있다.
(예: 순장이 용서에 대한 주제를 가르치면 순원들은 자신들의 변하는 필요에 따라 친구들, 부모와 자녀, 남편과 아내, 고용주와 고용인 등의 관계 속에서 얽힌 문제들에 대해 용서하는 법을 적용할 수 있다.)

④ 만일 변하는 필요를 순모임에서 순원들 모두와 함께 다루려면 다음과 같은 질문을 해보라.
㉠ 순원들이 모두 이 주제를 다룰 때 유익을 얻게 될 것인가?
㉡ 그것이 원래 하기로 예정되어 있던 순모임의 내용보다 더 중요한가?
㉢ 나중에 개인적으로 이 주제에 대해 더 이야기 할 수 있는가?

강의 5

영적 운동에 참여하기

개관 목적

당신이 현재 참여하고 있는 사역을 영적 운동의 관점에서 볼 수 있도록 하며,
더 나아가 당신이 영적 운동에 참여할 수 있도록 돕기 위한 것이다.

학습 목표

1. 영적 운동의 개념을 말할 수 있다.
2. 영적 운동을 일으키는 3가지 핵심 요소를 말할 수 있다.
3. 영적 운동의 필요성에 대해 말할 수 있다.
4. 영적 운동에 참여해야 하는 이유를 말할 수 있다.

서론

"영적 운동에 참여하기" 라는 주제를 다루기 전에 '운동' 에 대해서 먼저 생각해 볼 필요가 있다. 영적 운동도 일종의 운동이기 때문이다.

당신이 알고 있는 다양한 활동들 가운데서 운동이라고 생각되는 사례들을 이야기해보라. 또한 단지 활발한 활동과 운동은 어떤 면에서 차이가 있으며 활발한 활동을 운동이 되게 하는 요소들은 무엇인지 토의해 보라.

토의 운동의 사례들

____

____

____

____

토의 운동의 요소들

____

____

____

____

1. 운동이란 무엇인가?

1 정의

기존의 질서에서 벗어나 개인적 또는 사회적 변화를 일으키고자 하는 __________을 위해 조직되어 참가자들 스스로가 그 일을 위해 기꺼이 _______하고 또 __________을 그 일에 적극적으로 참여시킨 결과, 마침내 그들의 영향력이 점점 커나가는 사람들의 모임이다(Gerlach and Hine, People, Power, Change: Movements of Social Transformation, 1970).

2 운동의 특징들

일반적으로 모든 운동은 다음과 같은 특징들을 가지고 있다.

(1) **공동의 목적** (common purpose/goal)
(2) **많은 사람들의 참여** (participation of many people)
(3) **조직화된 행동** (organized actions)
(4) **헌신** (commitment)
(5) **방법과 전략** (method and strategy)
(6) **영향력의 확산** (spread of influence)

2. 영적 운동이란 무엇인가?

1 정의

주님의 **지상명령** 성취를 돕기 위해 **같은 마음을 가진 예수 그리스도의 제자들의 팀**을 통해서 **전도, 육성, 파송하는 일**(=제자화 또는 영적승법번식)을 확장시키시는 **하나님의 일하심**이다.(A Movement is **God Working** through **a team** of **like-hearted disciples** to **Win, Build & Send** toward fulfillment of **the Great Commission**).

2 정의의 설명

영적 운동의 개념을 보다 정확히 이해하기 위하여 정의에 포함된 주요 용어들에 대한 의미를 자세히 살펴보자.

(1) 지상명령:

1) 주님의 지상명령은 CCC를 포함한 모든 그리스도인들이 주님께 받은 소명이요, CCC가 일으키고자 하는 영적 운동의 목적이다.

2) 마 28:18~20의 말씀에 기초하여 이 세상에 살아있는 모든 사람들에게 복음을 전하여 그들이 적어도 한 번은 예수 그리스도를 영접하든지 거부하든지 선택의 기회를 갖게 하는 것이다.

3) 지상명령의 범위는 "예루살렘에서 땅 끝까지" (행 1:8)이므로 자신이 거주하는 지역만이 아니라 ____________에 복음을 전하는 일에도 참여해야 한다.

(2) 돕기 위해:

1) 지상명령 성취의 주체는 ________이시며 우리는 돕는 자들이다. 우리를 이 일에 참여하도록 부르신 분도 하나님이고 우리를 통해 이 일을 이루실 분도 하나님이다.

2) 하나님은 이 사명을 모든 그리스도인들에게 주셨다. 따라서 이 사명의 성취를 위해 우리는 하나님을 온전히 의지해야 하며, 동시에 함께 부름 받은 주님의 몸 된 교회들과 모든 선교 단체들이 각기 받은 은사와 재능들로 섬기되 서로 연합하고 ________해야 한다.

(3) 같은 마음을 가진 예수 그리스도의 제자들의 팀:

1) 영적인 운동은 하나님께서 이끌어가신다. 그러나 하나님은 지상명령 성취를 위해 복음을 전하는 일에 자신의 시간(time)과 재물(treasure)과 은사(talents)를 드려 헌신하는 그리스도인들을 통하여 영적 운동을 일으키신다.

2) 그들은 복음으로 인해 분명한 ______________를 경험한 자들로, 하나님과 형제들과 이웃을 사랑하고, 그들의 이웃들은 그들을 통해 삶을 변화시키는 하나님의 능력을 보게 된다.

3) 그들은 부르심, 가치, 비전, 사명 등 본질적인 것들에 관해 일치할 뿐 아니라 한마음으로 연합하는 팀을 이루어 승법번식을 통해 운동을 일으키는 일에 헌신한다.

(4) 전도:

1) 모든 사람들에게 예수 그리스도를 전하는 것이다. 여기서 '모든' 이라는 단어는 우리의 사역 범위를 말해주고 있다.

2) 내 주위 사람들뿐만 아니라 ________ 가 복음을 들을 수 있도록 계획을 세워서 지혜롭게, 열심히 그리고 담대하게 전도해야 한다.

3) 눅 8:4~15의 씨 뿌리는 비유에서 볼 수 있듯이, 뿌려진 복음의 씨앗이 모두 열매를 맺는 것은 아니기 때문에 우리는 할 수 있는 대로 복음의 씨앗을 __________ 뿌려야 한다.

(5) 영적 승법번식:

1) 지상명령 성취의 소명은 모든 교회와 단체들이 동일하게 받았으나 그 성취의 전략은 다양할 수 있다. CCC는 디모데후서 2:2에서 제시하고 있는 ____________ 이 지상명령을 성취하기 위한 최고의 전략이며 우리 사역의 핵심으로 강조한다.

2) 영적 승법번식은 전도한 새 신자들을 육성하여 그들이 또 다른 사람들을 그리스도께 인도하고 육성하는 일에 적극적으로 참여하게 함으로써 지속적으로 __________ 이 일어나는 것이다.

3) 지상명령은 그 범위와 대상이 너무 넓어서 단순히 전도에 의한 믿는 사람의 증가 즉, 가법번식만으로는 지상명령을 성취할 수 없다. ___________은 지상명령 성취에 필수적이며, 우리 CCC의 DNA라고 할 수 있다.

(6) 하나님의 일하심:

1) 영적인 운동은 처음부터 끝까지 하나님께서 이끌어가신다.

2) 성령의 능력이 영적 운동을 지탱하는 원동력이므로, 얼마나 하나님을 의지하고 따르며 순종하는가에 따라 승패가 갈라진다. 일반적인 운동과 영적 운동의 가장 큰 차이는 하나님이 운동의 주체인가 아니면 인간의 전략, 인력, 재정 등이 근본적인 힘인가에 의해서 나타난다.

3) 우리는 하나님을 _______해야 하며, 운동을 위한 전략을 세우되 하나님께서 그 전략들을 사용하여 가장 효과적인 방법으로 운동을 이끌어 가시도록 ____________.

3 제자화 사역에서 운동으로

지속적으로 하나님의 은혜를 의지하며 기도하는 사람들은 다음의 네 가지 특징이 나타나는 행동을 하게 될 것이다.

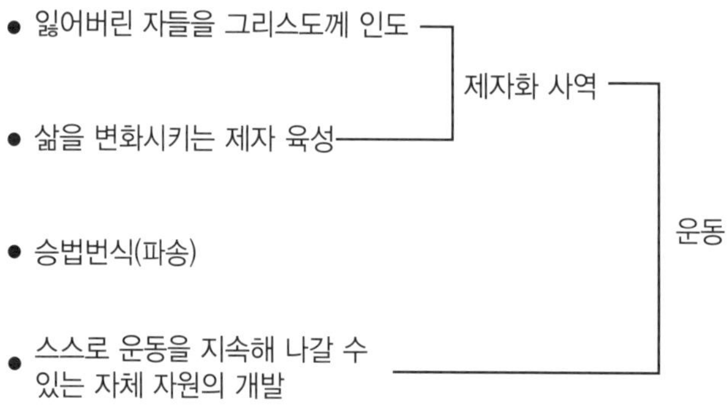

(1) 잃어버린 자들을 그리스도께 인도하는 것과 순모임을 통해 순원들을 제자로 육성하는 것은 제자화에 해당한다. 여기에서 더 나아가 파송이 이루어져서 순원이 순장이 되어 자신의 순원들을 육성함으로 제자화가 3대, 4대 등 끊임없이 이어져서 영적 승법번식이 확산되고, 외부로부터 도움을 받지 않고 모든 자원과 역량들

을 자체적으로 개발하고 공급하므로 스스로 이를 지속할 수 있는 것을 운동이라고 한다.

(2) CCC는 단순히 제자화 하는 것에서 그치지 않고 ______________을 일으키는 것에 집중한다.

(3) 모든 학생들과 간사들은 항상 현재 하고 있는 활동들이 제자화에 머물고 있는지 운동으로 발전하고 있는지를 점검하며 _______________를 재조정해야 한다.

3. 영적 운동의 핵심 요소

운동을 일으키고 또한 운동을 역동적으로 지속되게 하는 필수 요소가 있다. 이 요소들은 영적 운동에도 동일하게 적용된다. 영적 운동의 필수 요소는 ______ 과 _____________ 그리고______이다. 이 세 가지 요소들 중 어느 하나라도 빠지거나 소홀히 되면, 그 운동은 운동으로서의 특성을 상실하게 되고 결국 지속되지 못할 것이다. 예를 들어, ____ 이라는 요소가 약해질 경우에는 운동은 프로그램이나 조직으로 변질될 수도 있고, ______이 소홀해지면 강의 4에서 본 대학 축구팀처럼 목적을 달성하지 못하게 될 것이다.

1 힘

(1) **정의:** 지도자의 ______________이 열정, 감동, 확신과 함께 다른 사람들에게 _________을 의미한다. 성취가 불가능해 보이는 목표에 대해 지도자가 '그 목표를 성취해야 하며 또 반드시 성취할 수 있다' 고 확신과 열정을 가지고 말할 때, 운동에 속한 다른 사람들도 동일하게 지도자가 가진 확신과 열정을 갖게 되고, 그 목표를 성취하기 위해 온전히 헌신하며 열정적으로 행동하게 되는 것을 말한다. 한마디로 변화된 삶의 폭발적인 증가라고 할 수 있다. 이처럼 힘은 ___________이 운동에 참여하도록 그들을 _____________ 을 한다.

(2) **힘의 실례**

한국 CCC의 창설자이신 고 김준곤 목사는 1970년대에 민족복음화를 위해서는 30만 명의 한국 교회 성도들이 전도하는 훈련을 받아야 한다는 꿈과 비전을 가졌다. 그가 그 꿈과 비전을 나누었을 때, 동료 간사들은 이 일이 불가능하다고 생각되는 이유 74가지를 제시했다. 그러나 김준곤 목사는 '이 일은 하나님이 기뻐하시는 일이고, 또한 그 문제들을 하나님이 성령의 능력으로 해결하실 것' 이라고 설득한 끝에 동료 간사들과 학생들은 김준곤 목사와 동일한 꿈과 확신을 갖게 되었고, 마침내 30

만 명의 한국 교회 성도들에게 전도 훈련을 받게 하는 엑스플로 '74를 성공적으로 개최할 수 있었다.

2 승법번식

(1) **정의:** 지도자가 계속적으로 또 ______________________________을 말한다.

디모데후서 2:2에서 바울은 그의 제자 디모데에게, "네가 나에게 들은 것을 충성된 사람들에게 가르쳐서 그들이 또 다른 사람들을 가르칠 수 있도록 하라" 고 권면하고 있다. 바울의 제자인 디모데와 또 다른 충성된 사람들이 가르침을 받는 위치에만 머무르는 것이 아니라 다른 사람을 가르칠 수 있는 지도자의 위치에까지 성장하도록 육성되고 개발되는 것을 말한다. 이러한 성경적 지도력 개발 과정을 우리는 '영적 승법번식(spiritual multiplication)' 이라고 부른다. 영적 승법번식은 예수님의 지상명령 성취(마 28:19~20)를 돕기 위해 바울이 일으켰던 ____________의 핵심 전략이었다.

(2) **승법번식의 실례:**

엑스플로 '74는 단순히 힘을 나타내는 것에 그치지 않고, '전도요원 훈련' 이라는 ____________을 포함하고 있었다. 즉 '민족복음화'라는 지도자의 비전에 힘에 의해서 참여하는 수많은 사람들을 훈련을 통해 제자로 세웠던 것이다. 엑스플로 '74를 통해 전도 훈련을 받은 사람이 공식적으로 323,419명이나 되었다. 그 결과 한국 교회에는 전도할 수 있는 그리스도인들의 숫자가 놀랍게 증가했고, 이들의 전도를 통해 한국 교회는 폭발적인 성장을 경험하게 되었다.

운동의 확장은 지도자들이 세워지는 속도에 비례한다고 해도 과언이 아니다.

힘과 승법번식은 상호의존적이다. 힘은 승법번식을 승법번식은 힘을 더욱 강화시킨다.

3 경영

(1) **정의:** 경영은 한 마디로 ________________________ 이라고 할 수 있다. 뿐만 아니라 경영은 전체를 볼 줄 아는 __________ 이라는 개념도 포함하고 있다. 월드컵 국가대표팀 감독을 예로 들어보자. 월드컵 축구 대표 감독은 월드컵 4강 신화를 다시 재현하자는 꿈과 비전을 열정적으로 제시하고 선수들을 격려하고 도전한다(힘), 그리고 그 꿈을 이루기 위해, 상대팀에 대한 전력 분석, 경기 운영 전략, 전술 훈련, 선수 구성과 선발 등을 구체적으로 계획하고 실행해야 한다(경영). 운동에서 경영이 잘 이루어지지 않으면, 운동의 방향이 흔들리게 되고 목적을 성취할 수 없으며 결국 그 운동은 무너지게 될 것이다. 경영은 일반적으로 목표 설정, 계획, 조직, 지도, 조정 등의 요소를 포함한다. 이 각각의 주제는 CCC 훈련 과정 속에 포함되어 있다.

(2) **경영의** __________ : 경영의 또 다른 측면은, 지도자가 힘과 승법번식을 조화롭게 활용하여 시너지 효과를 발휘해야 한다는 것이다. 힘만 강조하다보면 어느 정도까지는 운동에 참여하는 사람들이 늘어나지만, 결국에는 지도자가 개발되지 않기 때문에 운동은 한계에 부딪치게 된다. 반면에 승법번식만을 강조하다보면 그 속도가 느려져 운동의 확산에 지장을 초래한다. 따라서 지도자는 ________ 들을 끌어들이는 힘을 통해 폭발적인 성장을 추구하는 동시에 승법번식을 통해 힘의 성장의 결과를 ____________ 로 연결시켜서 지속적으로 운동을 이끌어 갈 지도자들을 개발하므로 장차 더 큰 힘을 발휘할 수 있도록 하는 것이 필요하다. 힘과 승법번식을 잘 조화시켜서 시너지 효과를 발휘할 때 운동이 더욱 커지고 가속화 될 수 있다.

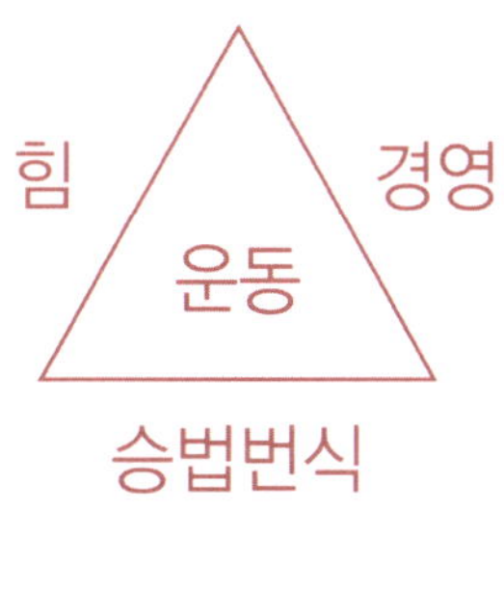

[점검과 적용질문]

토의 1. 영적 운동의 정의에 비추어 볼 때, 당신 개인의 순 사역을 영적 운동이라고 말할 수 있는가?

토의 2. 만일 영적 운동이라고 할 수 없다면, 당신의 순 사역이 영적 운동이 되기 위해 어떤 요소가 더 추가되거나 강화되어야 한다고 생각하는가?

토의 3. 가법번식 단계에서 멈춘 채 승법번식 과정이 일어나지 않는 이유는 무엇이라고 생각하는가?

---

4. 왜 영적 운동에 참여해야 하는가?

1 영적 운동에 참여해야 하는 이유:

나 혼자서도 주님의 지상명령 성취를 위해 다른 사람을 전도하고 육성할 수 있는데, 굳이 영적 운동에 참여해야 하는 이유는 무엇인가?

우리 각자가 제자화 사역(영적 승법번식)을 충성스럽게 감당해 나가는 것이 무엇보다 중요하다. 그러나 스스로에게 다음과 같이 질문해 보라: 이 시급하고 거대한 주님의 명령 앞에서 우리는 어떻게 이 세상에 최대의 영향을 미칠 수 있을까? 각자가 열심히 하는 것으로 충분한가? 아니면 같은 꿈과 비전을 가진 사람들이 함께 하는 운동을 통해서 인가? 영적 운동이 최대의 영향을 끼칠 수 있음이 분명하다. 같은 마음을 가지고 깊이 헌신한 사람들과 함께 지상명령 성취를 돕는 운동에 참여하는 것이 우리가 가진 시간, 재능, 자원들의 영향력을 최대로 증대시켜주기 때문이다.

2 영적 운동에 참여함으로서 얻는 개인적 유익들:

(1) 비전이 커지고 분명해지며 구체화 된다.

(2) 올바른 방향을 향해 계속 전진하도록 격려를 받는다.

(3) 사역에 대한 더 넓은 시각을 가질 수 있는 발판을 제공받는다.

(4) 적절한 훈련을 제공받는다.

(5) 믿음의 장애물을 극복하도록 도전과 도움을 받는다.

(6) 경건한 지도력을 접하게 된다.

5. "모든 곳에 영적 운동을!" (Building Movements Everywhere)

국제 CCC가 주님의 지상명령 성취를 돕기 위한 우리의 사역에 대한 구호로 "모든 곳에 영적 운동을!" 을 제시한다. 우리는 주님의 지상명령 성취를 돕기 위한 이러한 운동들이 미래 사회의 지도자들을 배출하는 대학 캠퍼스를 중심으로 모든 곳에서 활발히 일어나기를 기도해야 하고 또한 적극적으로 참여해야 한다. 여기에서 '모든 곳' 이란 잃어버린 영혼들을 만날 수 있는 모든 곳, 지상명령 성취의 모든 곳을 가리킨다. 예를 들면, 대학 캠퍼스, 직장, 군대, 교회, 내가 살고 있는 동네, 아파트 단지, 컴퓨터를 이용한 가상공간 등과 같이 우리가 생각할 수 있는 모든 공간을 의미한다.

CCC에서는 "모든 곳" (everywhere)을 다섯 가지 영역으로 분류하였다. 이것을 CCC 사역의 5가지 핵심 영역(5 mission critical components)이라고 부르며 그 각각은 다음과 같다.

(1) 학생이 주도하는 운동(Student-led- Movement)

(2) 지도자가 주도하는 운동(Leader-led-Movement)

(3) 교회가 주도하는 운동(Church-led-Movement)

(4) 인터넷 공간에서 일어나는 운동(Virtually-led-Movement)

(5) 역량 가속화 운동(Capacity Accelerated Movement) - CCC의 모든 역량을 강화해 영적 운동이 지속되도록 도움

6. 적용을 위한 사례연구

대학교 2학년인 효영이는 작년 2학기 때 친구의 권유로 CCC 활동을 시작하게 되었다. 다소 늦게 CCC에 가입하게 되었지만, 따뜻하게 챙겨주는 선배 순장들 덕분에 빨리 적응할 수 있었고, 순모임과 정기 채플에 참여하면서 자신의 믿음이 자라는 것을 느낄 수 있었다.
그 해 겨울에 참가한 금식수련회는 좀 힘들었지만, 개인적으로 큰 의미가 있었다. 잃어버린 영혼들을 향한 주님의 마음을 생전 처음 깊이 있게 느낄 수 있었기 때문이다.

3월 개강 첫 주에 실시된 클래스미팅에서 효영이는 같은 학과 후배들에게 메시지를 하게 되었다. CCC 에 들어온 지 얼마 되지 않아 부담을 느꼈지만, 짧은 시간 안에 모든 신입생에게 예수님에 대해 소개할 수 있는 좋은 기회라고 말씀하시는 간사님의 도전에 용기를 내어 메시지를 하기로 마음먹었다.

메시지를 전한 후에 받아 본 설문지에는 30명 중에 2명의 기독교인과 1명의 비기독교인이 긍정적 반응을 보였다. 전화 접촉을 통해 긍정적인 반응을 보인 후배 3명을 만나 함께 식사를 한 후에 효영이는 비기독교인인 은지에게 4영리를 읽어주었고, 은지는 자신도 예수님을 영접하고 싶다고 말했다.

예수를 믿고 있는 민지와 은경이는 효영이가 은지에게 4영리를 다 읽어주는 것을 관찰하고 있었다. 은지에게 4영리를 다 읽어 준 후에 효영이는 이를 지켜보고 있던 민지와 은경이에게 자신이 금식수련회 때 느낀 '잃어버린 자들을 향한 주님의 마음' 에 대해서 나누며, 그들도 이와 같은 방법으로 주위 친구들에게 예수님을 소개해줄 것을 도전하였다.

모태신앙을 가진 민지는 한 번도 전도를 해본 적이 없었다. 그런데 같은 학과 선배인 효영이가 4영리를 읽어주는 단순한 방법을 통해 은지에게 예수님을 전하고, 또 은지가 예수님을 영접하는 것을 보고는 신선한 충격을 받았다. 민지는 그 다음 날부터 자신도 하루에 1명씩 4영리를 읽어주기로 결심했다.

4영리를 들은 민지의 몇몇 친구들은 영접을 하지는 않았지만, '한 번 생각해보겠노라' 고 얘기해준 반면, 같은 향우회에서 만난 적이 있는 같은 학과 유정이는 예수님을 영접하였다.

다음 주 순모임 시간에 효영이는 은지 외에 또 다른 새내기 1명을 더 데리고 나왔고, 민지는 유정이를 데리고 왔고, 은경이도 기숙사 룸메이트를 데리고 나왔다.

순모임을 마칠 때쯤 효영이는 자신들의 모임의 이름을 짓자고 제안을 했다. 그때 누군가 '들풀순' 이라고 하면 좋겠다고 제안을 해 그렇게 부르기로 했다. 그리고는 자신들을 통해 예수님의 이름이 자신들의 학과, 기숙사, 향우회에 들풀처럼 뻗어가길 바란다는 비전을 나누었다. 순원들은 큰 감동을 받았고, 효영이와 함께 그 비전의 성취를 위해서 기도하기 시작했다.

토의 1. 위의 사례에서 운동의 3 가지 핵심 요소 가운데, '힘' 이 나타난 대목을 찾아보고, 또 힘을 어디에서 얻을 수 있는지 토의해보라.

____

____

____

토의 2. 만약 당신이 효영이라면, 비전 성취를 위해 기도하는 것과 함께 또 다른 무엇을 하겠는가?

____

____

____

토의 3. 들풀순의 비전 성취를 가로막을 수 있는 장애물에는 어떤 것들이 있다고 생각하는가?

____

____

____

LTC 고급(신개정판)

2010년 6월 10일 신개정판 초판 발행

2025년 5월 22일 신개정판 초판 12쇄 발행

엮 은 이 한국대학생선교회

펴 낸 곳 순출판사

디 자 인 CCC DIA

등 록 제 2020-000159호

주 소 서울시 종로구 백석동 1가길 2-8

전화/팩스 02)722-6931~2 / 02)722-6933

가 격 4,000원

책 내용과 관련된 문의는 한국대학생선교회_MRD(02-397-6267)로 문의 바랍니다.

ISBN 978-89-389-0207-8